dieter waag

aff a jåhr

gedichte
in bad windsheimer
mundart

delp

© 1981 by Delp'sche Verlagsbuchhandlung KG,
München und Bad Windsheim
Druck: Verlagsdruckerei Heinrich Delp GmbH, Bad Windsheim
Umschlagmotiv: Scherenschnitt
»Blick auf die Bad Windsheimer Seekapelle«
von Alice Staudacher, Rothenburg
ISBN 3-7689-0182-3 · Printed in Germany

inhalt

	seite
der dings midd sannera ganzn schlossn	7
hädd der dunnerwedder verrägger	8
ka wunner	9
vom dings sein bruder	10
wenn a sau gschdochn werd	11
wenn di zuggerriem	12
un etzadla	13
ba jedera beerdichung	14
'n fliggschneider sei heisla	15
der dings hadd nach der grissdmeddn	16
der dings midd sann verdlsdn måång	17
nei un ald	18
a laaferde nååsn	19
denn glaana schwazzn	
vo di drei keenich	20
seid ihr schwäächeri	21
gråd sann schneidersgsell	22
an rosnmonndååch	23
'n dings homms noodobberierd	24
unnera oma	25
wenns droumschdenna	26
wenn unner herr pfarrer	28
immer wenn der dings	29
di drääna vo der danda	30
sussd zu sann geboddsdååch	31
all jåhr an ihrn hochzeidsdååch	32
gråd affn neia mäzeedes	33
am mudderdååch	34
fei wåhr	35
wenn im biergaddn	36

an fronleichnååm 37
a glarrineddn 38
dunner zwiefl blechmaräna 39
bann kerschdnglaua 40
is lokåålblädddla 41
wi der johannes der daifer 42
seid zwanzg summer 43
di schärm homms rum 44
sell genna zamm 45
der dings 46
wennsd gscheida kiechli 47
nedd blooß walls breißns glåria 48

*jeds jå̊hr
schläächd si aaf
schbannender
wi a romå̊å̊n*

7 der dings
midd sannera ganzn schlossn
in schbånien
gweesd
jååchd
heind
wenn er
hammkummd
ååbnds
vo der ärberd
di kinner
aus der kichn
wal
di banggerd
denn ganzn dååch
midd di kassdanieddn
rumgläbbern

Kumpfgasse, 26. 9.

8   hädd
    der dunnerwedder verrägger
    der saugribbl vo schbitz
    di oriendbriggn
    nedd
    zammbissn
    wär
    der anner
    vo der versicherung
    nedd kumma
    un
    kanner
    däd sou wissn
    daß
    der fetzn aus öffgånisdöön
    nedd
    im oriend
    sundern
    im fichdlgebärch
    gnipfd wonn is

Erbsengasse, 27. 9.

9   ka wunner
    daßn herrn pfarrer
    d'housergnepf
    ooschbringa
    wenn er
    vo der kanzl roo
    derårdi närrerd
    affn ieberfluß
    wedderd

Seekapelle, Erntedankfest

10

vom dings
sein bruder
sein freind
sein schwååcher
seinera schwessder
der lissbedd
ihr breidigamm
hadd bhaubd
daß
seinera verloobdn
der lissbedd
ihrn bruder
sein schwååcher
sein freind
sei bruder
aff di lissbedd
a aach
gworfn hadd

Zehntgasse, 4. 10.

11   wenn
a sau
gschdochn werrd
muß
der dings
des bluud
riehrn
un
jedsmål
wenn er
gråd drieber is
fälldn ei
daß
etz endli
bannern
di grepf
rausmisserdn

Wiebelsheim, 16. 10.

12 wenn
di zuggerriem
ausn agger
schbitzn
wi
indiånerkepf
un
die erschdn neebl
drepfli
aff ihra schderrn
schbrengln
is
nämmer weid hie
zunn bußundbeedååch
wu
der broddesdand
bann kaddoliggn
sei weihnachtseikäuf
mächd

Jäckelgasse, 21. 11.

13   un
       etzadla
       hängdermer
       a schlebbern
       nou
       allaa
       wallin
       gsåchd hobb
       sei kerzn
       vo sann låådn
       senn
       minderwerdiär
       wi in falknwärd
       sei dropfbier

Seegasse, Totensonntag

14	ba jedera beerdichung
läffd
der danda
des aangwasser
in di falldn
nachderri
wenns
hammkummd
hängd nu
a glaans drepfla
an ihrn kinn
un wenn
ihr gärch
fräächd
na wi wåors
sächd si
schee

Oberntief, 27. 11.

15 n'fliggschneider
sei heisla
hadd
sou a niedera dier
daß
jeder der
neigedd
an diener
machn muß

Hirschengasse, 7. 12.

16   der dings
hadd
nach der grissdmeddn
hammlaafn missn
waller
aus verseeng
'n audoschlissl
in glinglbeidl
neigschmaßd hadd

Fuchsengasse, Heiliger Abend

17   der dings
midd sann verdlsdn måång
obber
sicherli gresser
wi a saublunnsn
konn nu neischlichdn
wi a scheinadrescher

sei fraa
hadd gsochd
des
dädn mou
ganz schee
affn måång
schlåång
wenn er
am sunndååch
nedd mindesdns
achd glääs
baggerd

Nehrgasse, 2. Weihnachtsfeiertag

18   nei un ald
hänga zamm
wi is gfülli
von an saisoog

Marktplatz, Silvester

19 a laaferde nåååsn
   is
   nu längsd
   ka nåååsnbaabruch

Winterung, 3. 1.

20 denn glaana schwazzn
vo di drei keenich
däd
kanner
rausgrieng
ausgnumma
er
lachd
sixd
an die voddern zwaa äibin beißer
dassern
dings
aus di zäi
gschniedn is

Sandhüttengasse, 6. 1.

21 seid
ihr schwäächeri
an bersiåner
dräächd
haggd si
aff ihrn aldn rum
obwohler
schriftfiehrer
vo di håserer
is
un
scho
zwaamål
midd an
vo sei silberriesn
'n schbåårkassnbogåål
gwunna hadd

Engerergasse, 22. 1.

22 gråd
sann schneidersgsell
abgleechd
dees
vor drei jåhr
isser ausgwanderd
der dings
vo windsa nach messertschusizz
un
etz
vor kozzn
des erschd mål
widder dahamm
des glabbsd nedd
wos homm mier glachd
hadd er
ka aanzix werdla
deidsch
mehr
kennd

Riemenschneidergasse, 8. 2.

23 an rosnmonndōōch
schläächd
di schdund
wussd
midd annera rodn nōōsn
nedd
nei in di schdaddhalln
derfsd

heind
nämli
getz
nach di faschingskommideeler
ihra

Schellenfeld, 18. 2.

24 'n dings
håmms noodobberierd
wal si
is rollmobbsschdeggerla
gweergschdelld hadd

Seybothgasse, Aschermittwoch

25 unnera oma
konn der
midd ihrn friehjåhrsbutz
denn schennsdn sunnaschaa
verleidn
un
bannåh
mexdera
aff di griffl
glopfn
wenns der
schdändi
zwischn di baa
rumfuhrwärgld

blooß
wennsd
sixd
wi der oma
ba der raamerei
des herz
aufgedd
grixd
kann richdin baas
nedd her

Herrngasse 11. 3.

26 wenns
droumschdenna
affn dings seina biehna
kennsd maana
schwalm
schaua
ausn nessd
un
reißn
s'maul aaf
die
midd ihra weißn grääng
un
schwazzn ouziech

ganz vonna
schdedd er
der då
genau der in der middn
der
ba di deneär

vül
homm si scho
aufgreechd
wal er
sou widerli neiblärrd
obber
då derf ja
kanner nix

sőőng
wenns
demm nämli
is maul
schdopfn dädn
häddns kann mehrer
der
nach der broob
lidderwaaß
des bier
auffőhrn läßd

Schüsselmarkt, 11. 3.

28   wenn
unner herr pfarrer
wisserd
daß
der anner
droma an der orgl
währnd der bräidichd
sexheffdli
schdudierd
greizdunnersaggeramendnuamål
däd
der
vüllaachd
fluung

St. Kilian, Palmsonntag

29   immer
     wenn
     der dings
     sei fuchzgerla
     nei in glinglbeidl
     schmaßd
     dengder
     dahamm
     an sein säif
     in der schlååfschdumm
     hinderm
     guudn herrdn
     un
     dann
     ziechd si
     di bräidichd
     widder ammål
     goddserbärmli
     in di läng

Spitalkirche, 4. 4.

30   di drääna
vo der danda
kerrn
zunn feierdö̊ö̊ch
wi welchdene die
bamm grääreim
in d'schissl
hupfn
derwall
des rindflaasch
in der kocherdn brieh
waach werd
un
der onggl
nachn sål̊o̊o̊dbutzn
'n weißn kipf
aufschneid

Illesheim, Ostersonntag

31 sussd
zu sann geboddsdååch
hadd
der vadder
massnwaaß
z'raang griechd
etzadla
wuersch
aufgeem hadd
laaberns
denn ganzn geboddsdååch
vo nix annerschdn
wi
vo di schdingerdn schdummbn
derwal
der vadder
immer verzwaaflder
an di fingernäichl
kiefd
un am daama
zulld

Metzgergasse, 11. 4.

32 all jåhr
an ihrn hochzeidsdååch
mächd
mei mudder
a eslsohr
nei in schboddaal
vo der zeidung

all jåhr
an denn dååch
fuxds
mein vadder
daß
di mudder
di zeidung
nedd gschaad
zammläing konn

Schimmelgasse, 30. 4.

33 grååd
affn neia mäzeedes
dees hädd nedd sei missn
wärgli nedd
der dunnerwedder gäicher
hädd
sei gschäfd
aa
wuannerschder
unnerbrachd

etzadla
laafns rum
sei häer
midd hängada kepf

aff di blechkutschn
kenndns verzichdn
obber
nedd
aff denn
der
drin in der brôôôdrehrn
middlerwal
farb ounimmd

Lenkersheim, 5. 5.

34 am mudderdååch
kochd
mei mudder
'n vadder
sei leibschbeis

Schäfergasse, 11. 5.

35   fei wåhr

wenns
ums bier
gennerd
laaferd
der dings
vo windsa
bis marradon

Stellergasse, 15. 5.

36 wenn
im biergaddn
di kassdǒnia
blieha
konns scho sei
daß
a bliednbläddla
nei ins seidla
weedld

dees
werd
middn finger
vorsichdi
rausdupfd

obber
von an schbǒǒzn
wǎss
drinna
braichersd
scho
a lefferla

wennsd
dann nu
moxd

Holzmarkt, 30. 5.

37 an fronleichnååm
werrd nedd
blooß
glaibichkeid
durch d'schdrååßn
dråång
sundern aa
daß
kaddoliggn un broddesdandn
zwaa båår schdiefl
senn

St. Bonifaz, 5. 6.

38   a glarrineddn
die
aa wenn blooß
a aanzix mål
neemnaus
gwietschd
glingd
greißlier
wi a bommbadoon
der
derwal
glanghaamli
in anner annern doonård
maschierd

Seerosenbrunnen, 15. 6.

39 dunner
zwiefl
blechmaräna

exdra
hobb i
mei langa underhousn
ouzoung
und's angorahemmerd
un
etzadla
dunnerzwiefl
läffd merr
di brieh
gråd sou
nei in gråång

Königshügel, Sonnwendfeier

40 bann kerschdnglaua
mußd wissn
wenn
'n kerschgaddnwächder
sei fraa
ihn
ins kerschgaddnhaisla
is lokåålbläddla
middn råmåån
bringd

Ickelheimer Steige, 28. 6.

41 is lokåålbläddla
ohne doodesônzeing
is
a briefdaum
ohne leem

Knörrgasse, 29. 6.

42   wi
der johannes der daifer
unner herr pfarrer
bis zum nö̊ö̊bl
im wasser
drund
in der aasch

dees
büld
mechd i
seeng

Auf der Saubrücke, 26. 7.

43	seid zwanzg summer
ba der feierwehr
di schennsdn schdundn
in sein leem
hadd er
scho
in edlia feierli
neigleichd
un
amål
nachts im draam
sugår
di sunna
gläschd

obber
am samsdååchnammidååch
wenns
ummas houfschbritzn gedd
na
schbülder
'n närrerdn

An der Alten Weed, 31. 7.

44   di schärm
homms rum
wi di witz
die ieber ihna
grissn werrn
di ehrnjungfern
ba der fôhnaweih

scho
mei großvadder
hadd grinsd
un sei vadder
bschdimmd aa
obber
a jeder
hadd si gfühld
wenns
dechderla
derbei wôr
un
dengd
maana nedd

Bad Windsheim/Land, 1. 8.

45
sell
genna zamm
wi
der nouchl unds zindbläddla
der aa
midd sannera fausd
wi a vorschlååchhammer
un
der anner
midd sann schäidl
wi a amboss
un
dees
sollersd mål erleem
wenn
die zwaa nixdäicher
un uverbesserlin schdreidhämml
annananner senn
na
gidds
kann
der då
sei händ
derzwischnläicherd

Gänsgasse, 7. 8.

46   der dings
hadd
ba sann gressdn feind
aff ammål
an mordsdrumm schdaa
im bredd
wallern
gsochd hadd
daß
nach seinera maanung
kann
gidd
der
bamm kaddln
sou saggramendersch
bscheisn konn
wi
er

Külsheim, 17. 8.

47   wennsd
gscheida kiechli
zieng moxd
brauxd
braada gnie

denn dings
sanne
mächd
di bessdn

An der Heuwag, 28. 8.

48 nedd blooß
walls
breißns glǻria
un a saumäßia laudschdärgn
draufhomm
di buum un maadli
vom schbülmannszuuch
sundern aa
wall
in müller sanner
'n fischer sanner
un di zwaa vom bärchermassder
midd ihra drummlfleedn
sou gweer
neipfeifn
hadd
am kärwasunndǻǻch frieh
umma sexa
der weggruf
widder ammǻl
kollosǻǻl
zundn

Schwalbengasse, Kirchweihsonntag